NOTIONS PRATIQUES

SUR LES

Brevets d'Invention

les DESSINS et MODÈLES

et les MARQUES DE FABRIQUE

à l'usage des INVENTEURS et INDUSTRIELS

PAR

LAVOIX et MOSÈS

INGÉNIEURS-CONSEILS

(A. & M. et E. C. P.)

Membres de l'Association Française des Ingénieurs-Conseils
en Matière de Propriété Industrielle
Membres de la Société des Ingénieurs Civils de France

TROISIÈME ÉDITION

CHEZ LES AUTEURS :

LAVOIX ET MOSÈS, PLACE DE LA TRINITÉ - 2, RUE BLANCHE

PARIS (IXe)

1912

MM. LAVOIX et MOSÈS

Ingénieurs-Conseils
Place de la Trinité — 2, rue Blanche
PARIS (IXe)

Dépôt et Obtention de
BREVETS, MARQUES et MODÈLES
en FRANCE et à l'ÉTRANGER

Consultations — Rapports techniques
Direction des procès en contrefaçon

(Tarif envoyé sur demande)

PROPRIÉTÉ INDUSTRIELLE [1]

Brevets d'invention = Dessins et Modèles Marques de fabrique

CONSIDÉRATIONS GÉNÉRALES

Importance des questions de Propriété Industrielle.

A mesure qu'est devenue plus vive la lutte sur le terrain industriel et commercial, les questions de Propriété Industrielle ont pris une importance de plus en plus grande. Chacun désire avec raison s'assurer la propriété de ses propres créations, et les lois en le permettant poussent l'homme au travail et à la recherche incessante de ce qui est mieux.

Tous les pays civilisés ont des lois sur la Propriété Industrielle, et on peut dire que le mouvement auquel donnent lieu dans un pays quelconque les dépôts officiels relatifs aux diverses branches de la Propriété Industrielle est un véritable baromètre de la marche de l'industrie et du commerce dans ce pays.

But de la présente brochure.

Il existe en ces matières un certain nombre de notions que tout inventeur ou industriel doit posséder. Nous inspirant des questions qui se présentent le plus souvent dans la pratique, nous avons résumé ci-dessous les indications qui nous ont paru essentielles et auxquelles nos lecteurs pourront, nous l'espérons, se reporter utilement à l'occasion.

⁂

Divisions de la Propriété Industrielle.

La *Propriété Industrielle* comprend trois principales branches :

    Les Brevets d'invention;
    Les Dessins et Modèles;
    et **Les Marques de fabrique.**

Brevets d'invention : ce qu'ils protègent.

Les *Brevets d'invention* protègent les créations industrielles ayant un but utile (un nouveau moteur, un appareil photographique perfectionné, un nouveau procédé pour la fabrication de l'acétylène, etc.).

---

(1) Reproduction et traduction réservées.

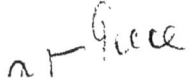

— 2 —

Dessins et Modèles : ce qu'ils protègent.

Les dépôts de *Dessins et Modèles* protègent les créations industrielles consistant à donner aux objets un aspect original sans modifier leur utilité (un nouveau dessin de tissu de soie ou de papier de tenture, une nouvelle forme de boîte à bonbons, etc.).

Marques de fabrique : ce qu'elles protègent.

Les *Marques de fabrique et de commerce* ne protègent pas le système ou genre de produits sur lesquels on les appose : elles sont l'estampille ou la désignation adoptée par le fabricant ou le négociant et destinée uniquement à permettre au public acheteur de ne pas confondre les produits d'une maison avec les produits similaires d'une autre maison. En un mot, les marques n'empêchent pas que les concurrents vendent les mêmes et identiques articles ou produits, mais elles empêchent qu'ils les vendent avec la même estampille ou sous la même désignation. — Le propriétaire de la marque « Fil au Chinois » ne pourra pas empêcher ses concurrents de vendre le même genre de fil, mais il pourra empêcher que ses concurrents prennent cette désignation pour leur fil.

Court parallèle entre les Brevets, les Modèles et les Marques.

On voit donc que, d'une manière générale, les *Brevets d'invention* protègent le système ou le mode de fabrication des objets ou produits, les *dépôts de Dessins ou Modèles* protègent leur forme ou aspect, et les *Marques de fabrique* sont une garantie de leur origine.

Comment on se rend compte du dépôt qu'il convient de faire.

On comprend que l'inventeur ou l'industriel qui a conçu quelque chose de nouveau, doit avant tout savoir quel genre de dépôt il doit faire pour se protéger, c'est-à-dire savoir à l'abri de quelle loi il doit se placer.

On ne peut pas, par exemple, déposer à volonté un Brevet ou un modèle pour une innovation quelconque. Si on se trompe en se plaçant à l'abri de la loi sur les Modèles lorsqu'il s'agit d'une invention brevetable ou réciproquement, si on dépose un Brevet lorsqu'il s'agit d'une création ayant seulement les caractères d'un Modèle, le dépôt effectué dans chaque cas est rigoureusement nul.

Pour prendre une détermination, il suffit de faire la remarque suivante :

Si la nouveauté dans la fabrication d'un objet porte sur un *effet utile*, l'invention ne peut être protégée que par le *dépôt d'un Brevet d'invention*, même si cette invention est extrêmement simple et si l'effet utile obtenu est sans grande importance. Au contraire, lorsque la nouveauté a exclusivement pour effet de donner à l'objet un *aspect particulier*, sans modifier en rien son utilité ou ses avantages, la disposition nouvelle ne peut être protégée que par un *dépôt de Modèle*.

En ce qui concerne les Marques, il ne faut en déposer que lorsqu'il s'agit *d'étiquettes ou de dénominations*. Il est, en effet, absurde de déposer comme marque le dessin du mécanisme d'un appareil, comme cela se fait parfois, avec l'espoir qu'un tel dépôt protégera le système même de l'appareil.

⁎
⁎ ⁎

Ces considérations générales s'appliquent à la protection de la Propriété Industrielle dans tous les pays ayant des lois sur la matière.

Nous allons maintenant entrer dans quelques détails relatifs à chacune des branches de la Propriété Industrielle en insistant plus particulièrement sur le régime français.

BREVETS D'INVENTION

a) FRANCE

En France, la loi sur les Brevets d'invention date du 5 juillet 1844. Elle a été modifiée sur des points de détail, par les lois du 7 avril 1902 et du 26 décembre 1908.

<small>Date de la loi.</small>

Sont brevetables, d'après la loi « les nouveaux produits industriels, les nouveaux moyens ou l'application nouvelle de moyens connus pour l'obtention d'un résultat ou d'un produit industriel ».

<small>Inventions brevetables.</small>

Si on interprète ce texte en tenant compte des principales décisions de justice qui en ont déterminé la portée, on peut dire que, chaque fois qu'on a obtenu un produit utile ou un résultat utile par une série d'opérations ou par un agencement constructif qui n'ont pas encore été employés tels quels pour donner le même produit ou le même résultat, on a fait une invention brevetable.

<small>Moyen de reconnaître si une invention est brevetable.</small>

La brevetabilité est, d'ailleurs, indépendante du plus ou moins de complication de l'invention, de même que de la valeur ou de l'importance du produit ou du résultat obtenu.

<small>La brevetabilité est indépendante de la complication de l'invention et de l'importance du résultat, pourvu qu'il y en ait un.</small>

C'est ainsi qu'il a été jugé par la Cour de Cassation

« qu'un genre *de cartes à jouer à coins arrondis* qui ont l'avantage d'offrir plus de solidité et plus de facilité pour le maniement, en même temps que plus de garantie contre la fraude, était brevetable ». On voit que l'effort fait par l'inventeur n'était pas considérable (arrondir les quatre coins d'un rectangle), que l'invention était on ne peut plus simple, et que le résultat utile obtenu était de minime importance : la brevetabilité n'en a pas moins été reconnue, puisqu'on obtenait un résultat utile, grâce à une disposition constructive qui n'avait pas encore été employée pour donner le même résultat.

*
* *

Durée des Brevets français.

La durée des Brevets français est de quinze ans, mais le dépôt n'est pas renouvelable, de sorte que la durée de quinze ans est un maximum.

Conditions à observer pour éviter la déchéance des Brevets.

Les taxes légales se paient par annuités, à raison de 100 francs par an, et si une annuité quelconque n'est pas payée dans les délais, le brevet est *déchu* et tombe dans le domaine public. Régulièrement, le paiement doit être effectué chaque année au plus tard le jour anniversaire du dépôt; cependant, un délai de grâce de trois mois est accordé moyennant le paiement d'une amende de 5 francs le premier mois, 10 francs le deuxième mois et 15 francs le troisième.

Outre le paiement de la taxe annuelle de 100 francs, la loi exige que le breveté mette son invention en exploitation en France, dans les deux ans qui suivent la *délivrance* du Brevet; par application d'une Convention internationale dont il sera parlé plus loin, ce délai a été porté à trois ans à partir de la date de dépôt du Brevet, notamment pour tous les Français et tous les étrangers domiciliés en France. Si l'inventeur n'a pas commencé son exploitation dans ce délai, ou si après avoir commencé l'exploitation il a interrompu celle-ci pendant deux années consécutives, toute personne intéressée pourra demander la *déchéance* du Brevet, mais celle-ci ne sera prononcée que si l'inventeur n'a pas de raisons sérieuses pour expliquer son inaction.

*
* *

De la validité des Brevets : nouveauté de l'invention.

Le Brevet n'est *valable* que si l'invention est nouvelle au moment du dépôt, c'est-à-dire si elle n'a pas été déjà brevetée ou divulguée par une personne quelconque.

— 5 —

Il est donc nécessaire que l'inventeur dépose son Brevet sous peine de nullité de celui-ci, avant d'avoir divulgué son invention, par exemple en vendant, en exposant publiquement ou en décrivant dans des journaux ou brochures répandus dans le public, l'objet de l'invention.

L'Administration qui reçoit les demandes de Brevets n'est pas compétente pour rechercher si l'invention est nouvelle ou non ; elle délivre le Brevet aux risques et périls du demandeur, ce qui s'exprime par la formule : « sans garantie du Gouvernement ». Il en résulte, en pratique, cette conséquence que, chaque fois que l'inventeur se référant à un Brevet français appose sur un appareil ou sur un prospectus la mention « Breveté », il est *tenu* de la faire suivre de la formule ci-dessus ou de l'abréviation « s. g. d. g. ». *Le Brevet est délivré sans examen préalable sur la nouveauté de l'invention.*

***

Lorsque le propriétaire d'un Brevet français a perfectionné l'invention objet du Brevet, il peut ou bien prendre un *Certificat d'addition* ou bien un nouveau Brevet pour protéger ce perfectionnement. *Comment on peut protéger les perfectionnements apportés par l'inventeur à son invention déjà brevetée.*

Mais le dépôt de ce Certificat d'addition ou de ce nouveau Brevet doit être effectué comme pour le Brevet primitif avant toute divulgation du perfectionnement, sous peine de nullité du dépôt.

C'est en effet une grave erreur de croire que l'on peut déposer valablement un Certificat d'addition à une date quelconque, même après mise en vente de l'objet muni du perfectionnement sous prétexte qu'on est déjà couvert par le Brevet principal : les règles pour la validité d'un Certificat d'addition sont exactement les mêmes que celles pour la validité d'un Brevet. Il est bien entendu, en outre, que les effets du Certificat d'addition partent seulement de sa propre date de dépôt et ne remontent nullement à la date de dépôt du Brevet principal.

Il n'y a d'ailleurs qu'un seul avantage à déposer un Certificat d'addition au lieu d'un nouveau Brevet pour protéger un perfectionnement à l'invention déjà brevetée : il n'y a pas à payer pour ce Certificat d'addition la taxe annuelle de 100 francs, applicable aux Brevets, mais seulement une **taxe** unique de 20 francs au moment du dépôt. *Avantage et inconvénients des Certificats d'addition.*

Pour tout le reste, les Certificats d'addition n'ont que des inconvénients :

En particulier, non seulement ils expirent en même temps que le Brevet auquel ils sont rattachés, lorsque celui-ci arrive au terme de ses quinze ans, mais encore si la nullité ou la déchéance du Brevet est prononcée à un moment quelconque, par exemple parce qu'il a été établi que l'invention telle que décrite dans le Brevet n'était pas nouvelle au moment du dépôt de celui-ci, tous les Certificats d'addition rattachés audit Brevet tombent en même temps et automatiquement dans le domaine public, même si les perfectionnements auxquels ils se rapportent sont entièrement nouveaux, et quelle que soit la valeur de ces perfectionnements. Il ne faut donc déposer des Certificats d'addition qu'avec prudence ; dès que le perfectionnement est important et représente, par exemple, l'appareil du Brevet sérieusement transformé et tel qu'il sera exploité dans la pratique, il est préférable de prendre un nouveau Brevet dont le sort est alors totalement indépendant du sort du premier Brevet.

**

Les Brevets délivrés sont présumés valables.

Bien que les Brevets et les Certificats d'addition français soient délivrés sans garantie du Gouvernement, comme il est dit ci-dessus, ils sont présumés valables par le simple fait de leur délivrance. C'est à ceux qui veulent les attaquer qu'incombe la preuve de leur nullité ou de leur déchéance.

Tribunaux compétents en matière de nullité et de déchéance.

Les Tribunaux civils de première instance sont seuls compétents pour prononcer la nullité ou la déchéance d'un Brevet ou d'un Certificat d'addition.

C'est donc devant ces Tribunaux que doit porter sa demande celui qui veut faire tomber un Brevet.

**

De la Contrefaçon : Tribunaux compétents.

Par contre, pour faire respecter son Brevet lorsqu'il est *contrefait*, l'inventeur ou propriétaire du Brevet peut poursuivre le contrefacteur, soit devant les Tribunaux civils de première instance, soit devant les Tribunaux correctionnels, à son choix.

Comment on apprécie s'il y a contrefaçon en matière de Brevets.

Pour se rendre compte s'il y a effectivement contrefaçon au sens légal, il faut rechercher si les caractères essentiels de l'invention brevetée se retrouvent dans l'appareil, le produit ou le procédé incriminés. S'il en est ainsi, il importe peu que l'objet du Brevet n'ait pas été reproduit identiquement; il y a quand même contrefaçon. La contrefaçon s'apprécie, en effet, d'après les ressemblances et non d'après les différences, et des différences qui constitueraient même un perfectionnement sérieux de l'invention n'empêcheraient pas la contrefaçon d'exister si l'objet modifié et perfectionné incorporait l'essence même de l'invention. *A fortiori*, les différences de formes et de dimensions et celles qui portent sur les détails accessoires, n'ont pas à être prises en considération pour apprécier la contrefaçon.

De même, si l'invention brevetée comporte plusieurs parties individuellement brevetables, la reproduction d'une seule de ces parties constitue encore une contrefaçon, car la contrefaçon partielle est punie au même titre que la contrefaçon totale.

Pour engager une poursuite en contrefaçon, le propriétaire du Brevet peut d'abord faire présenter requête au Président du Tribunal de l'arrondissement où se trouve la fabrique du contrefacteur, ou bien où se trouvent exposés en vente les appareils contrefaits. Le Président, sur simple présentation du Brevet, signe alors une ordonnance autorisant le propriétaire du Brevet à faire saisir par huissier soit réellement, soit par simple description, les objets contrefaits et à faire viser et parapher les livres de comptabilité du fabricant ou vendeur de ces articles en vue d'évaluer ultérieurement l'importance de la contrefaçon. <small>Démarches pour faire constater la Contrefaçon avant d'engager les poursuites.</small>

Lorsqu'il s'agit de machines volumineuses et coûteuses, la saisie *réelle* est rarement demandée; on se contente généralement de faire décrire en détail les machines contrefaites par un ingénieur qui assiste l'huissier. S'il s'agit, au contraire, d'objets peu volumineux et n'ayant pas une très grande valeur, on demande la saisie réelle de deux ou trois spécimens. Si le propriétaire du Brevet est étranger, le Président lui imposera toujours une caution, sous peine de nullité de la saisie. Pour les Français la caution n'est pas obligatoire et n'est pour ainsi dire jamais imposée; cependant le Président pourrait en exiger une si on demandait la saisie *réelle* d'objets d'assez grande valeur.

Dans les huit jours qui suivent la saisie (délai obligatoire), le propriétaire du Brevet assigne le contrefacteur, soit devant le Tribunal civil de première instance, soit <small>Délai pour assigner.</small>

devant le Tribunal correctionnel du domicile du contrefacteur.

A partir de ce moment, le procès est régulièrement engagé, et le propriétaire du Brevet n'a plus qu'à attendre : ou bien le contrefacteur lui fait des propositions et une transaction peut intervenir, ou bien le contrefacteur se défend et l'affaire est alors plaidée, puis jugée d'après les principes rappelés ci-dessus.

**

<small>Des différents moyens de tirer parti d'un Brevet.
Exploitation directe de l'invention.</small>

Le breveté peut tirer parti de son Brevet, soit en l'exploitant directement et en se réservant ainsi pour lui-même le monopole de son invention, soit en traitant avec des tiers. Dans ce dernier cas, trois sortes de contrats peuvent intervenir :

<small>Cession.
Licence exclusive.
Licence simple.</small>

Ou bien le breveté *cède* son Brevet;
Ou bien il *concède une licence exclusive d'exploitation;*
Ou bien finalement, il *concède une licence simple d'exploitation.*

<small>Caractères de la cession et conditions pour la régularité d'un acte de cession.</small>

Dans le premier cas, le breveté abandonne la propriété de son Brevet. Un tel contrat, dit *contrat de cession*, n'est régulier, c'est-à-dire n'est opposable aux tiers, que s'il est fait par-devant notaire, après le paiement de la totalité des annuités pour toute la durée du Brevet, et si ledit acte est ensuite enregistré à la préfecture du département où il a été passé. Les conditions de régularité du contrat sont les mêmes, si le breveté, au lieu de céder la totalité de la propriété de son Brevet, n'en cédait qu'une partie.

<small>Caractères de la licence exclusive.</small>

Dans le cas de *licence exclusive*, le breveté, tout en conservant la propriété de son Brevet, autorise, moyennant des conditions à sa convenance, une tierce personne à exploiter l'invention objet du Brevet pendant un certain nombre d'années, en s'interdisant pendant ce même laps de temps d'exploiter lui-même ou d'autoriser d'autres personnes à exploiter l'invention.

<small>Caractères de la licence simple.</small>

Dans le cas de *licence simple*, le breveté conserve encore la propriété de son Brevet et autorise une tierce personne à exploiter l'invention, tout en se réservant le droit d'exploiter concurremment l'invention par lui-même ou par d'autres licenciés.

b) PAYS ÉTRANGERS

Les Brevets n'ont d'effet que dans le pays où ils sont demandés, de sorte que, pour protéger une invention dans plusieurs pays déterminés, il faut déposer un Brevet dans chacun de ces pays.

Chaque Brevet ne protège l'invention que dans le pays où il est demandé.

Cependant, par suite d'une *Convention internationale*, signée en 1883, modifiée en 1902, et à laquelle ont adhéré la plupart des pays industriels, l'inventeur n'est pas obligé, sous peine de perdre ses droits, de déposer immédiatement des Brevets dans tous les pays où il désire se protéger. Par application de cette Convention, en effet, le premier dépôt d'un Brevet dans un des pays ayant adhéré à la Convention, le dépôt français, par exemple, donne à l'inventeur une priorité d'un an pour déposer ce Brevet dans les autres pays unionistes, de sorte que les faits de divulgation qui se seraient produits dans ces divers pays unionistes dans le cours de cette année, ou même les demandes de Brevets pour une invention analogue ou identique qui auraient été déposées dans cette même année par des tiers ne sont pas opposables à l'inventeur, pourvu qu'il ait lui-même effectué le dépôt de sa demande de Brevet dans chaque pays avant l'expiration du délai d'un an compté à dater de son dépôt d'origine.

Convention internationale : délai de priorité d'un an à partir du dépôt d'origine pour déposer les Brevets dans les autres pays adhérents.

Les pays de la Convention qui délivrent des Brevets sont : la France, la Belgique, la Hollande, l'Angleterre, l'Allemagne, l'Autriche, la Hongrie, le Danemark, la Suède, la Norvège, la Suisse, l'Italie, l'Espagne, le Portugal, la Tunisie, les États-Unis, le Mexique, le Brésil, le Japon, la République de Cuba, l'Australie et la Nouvelle-Zélande.

Pays unionistes qui délivrent des Brevets.

En Europe, la Russie, la Finlande, la Turquie, le Luxembourg et la Roumanie n'ont pas adhéré à la Convention. Si ces pays sont intéressants pour l'industrie qu'il vise, l'inventeur devra, pour assurer ses droits, y déposer ses Brevets presque en même temps qu'il fera son dépôt français d'origine.

Pays d'Europe non unionistes.

*
* *

La durée des Brevets est, comme en France, de quinze ans dans le plus grand nombre de pays. Signalons cependant que cette durée est de vingt ans en Belgique, en Espagne et au Mexique, de dix-huit ans au Canada, de dix-sept ans

Durée des Brevets étrangers.

aux États-Unis, de quatorze ans en Angleterre, en Australie et dans la plupart des Colonies anglaises.

Conditions de validité des Brevets étrangers.

D'une manière générale, le Brevet n'est valable dans chaque pays que si l'invention est nouvelle au moment du dépôt, sauf en ce qui concerne les dépôts faits sous le bénéfice de la Convention dans l'année qui suit un premier dépôt d'origine, comme il a été dit ci-dessus.

*
* *

Pays où se pratique l'examen préalable sur la nouveauté des inventions.

Dans un grand nombre de pays, le Brevet est délivré, comme en France, sans aucun examen préalable sur la nouveauté de l'invention. Dans d'autres pays, en nombre presque égal, le Brevet n'est délivré, au contraire, qu'après un *examen préalable* sur la nouveauté de l'invention fait par des Commissions techniques officielles : il en est ainsi, en particulier, en Allemagne, en Autriche, en Angleterre, au Danemark, en Suède, en Norvège, en Russie, aux États-Unis.

*
* *

Comment il convient généralement de procéder pour le dépôt des Brevets étrangers.

Pour toute invention pour laquelle on envisage le dépôt ultérieur de Brevets étrangers, l'inventeur a intérêt à déposer dès l'origine une demande de Brevet dans un ou deux des pays où l'examen préalable est pratiqué avec le plus de soin, de préférence en Allemagne ou aux États-Unis. Il sait, après cet examen, à quoi s'en tenir sur la nouveauté de son invention, de sorte qu'il n'engage ensuite des dépenses qu'en connaissance de cause, soit pour le dépôt de divers Brevets étrangers, soit pour la mise en valeur de son invention.

L'examen combiné en Allemagne et aux États-Unis est à recommander aux personnes qui ne sont pas absolument limitées par la dépense et qui envisageant, par exemple, une mise de fonds importante dans une affaire, ont un très grand intérêt à être fixées dès le début, et d'une façon aussi précise que possible, sur le plus ou moins de nouveauté d'une invention.

Lorsqu'on est tenu de limiter sa dépense, nous conseillons de faire simplement au début le dépôt du Brevet allemand.

De l'utilité de la demande de Brevet en Allemagne à titre de recherche d'antériorités.

Même si l'inventeur n'envisage l'exploitation de son invention qu'en France, il a intérêt, s'il peut faire cette dépense, à déposer une demande de Brevet en Allemagne, car le résultat de l'enquête universelle sur la nouveauté de l'invention, faite par les examinateurs allemands, constitue une excellente et peu coûteuse recherche d'antériorités qui fixe pratiquement l'inventeur sur la nouveauté de son invention et par suite sur l'étendue de ses droits en France.

DESSINS & MODÈLES

a) FRANCE

La loi française sur les Dessins et Modèles est la loi récente du 14 juillet 1909 applicable depuis le 19 janvier 1910. Elle a remplacé la vieille loi du 18 mars 1806.

Date de la loi.

D'après la nouvelle loi, le dépôt d'un Dessin ou Modèle n'est pas attributif de propriété comme cela existait sous le régime de la loi de 1806 ; il est simplement *déclaratif*, le droit de propriété de l'auteur remontant à la date de création du Dessin ou Modèle.

Caractère déclaratif du dépôt de Modèles.

Sous ce nouveau régime, l'exploitation publique du Dessin ou Modèle par son auteur avant le dépôt n'entraîne pas la nullité du dépôt, contrairement à ce qui a lieu pour les Brevets d'invention et contrairement à ce qui avait lieu pour les Dessins et Modèles sous la loi de 1806.

Le dépôt est surtout, pour l'auteur, avec le nouveau régime, un moyen de prouver sa priorité de création, « de constituer en quelque sorte à sa création un acte de naissance ayant date certaine », suivant les propres expressions du rapporteur de la loi à la Chambre des députés.

Il est cependant nécessaire de faire le dépôt avant d'engager des poursuites en contrefaçon, mais le créateur du Modèle peut faire son dépôt à tel moment choisi par lui, les ventes ou la publicité qu'il aura pu faire avant ce dépôt n'entraînant pas la perte de ses droits.

Le dépôt doit obligatoirement précéder toute poursuite en contrefaçon.

D'ailleurs, le premier déposant d'un Dessin ou Modèle est présumé, jusqu'à preuve contraire, en être le créateur, et, par suite, le propriétaire.

Il y a donc intérêt incontestable, pour tout créateur d'un nouveau Dessin ou Modèle, d'effectuer le dépôt de ce Dessin ou Modèle le plus tôt possible, car toute discussion ultérieure sur la paternité ou la date de création se trouve écartée.

Où s'effectue le dépôt ?

Le dépôt des Dessins et Modèles s'effectue au Secrétariat du Conseil de Prud'hommes (ou à défaut au Greffe du Tribunal de Commerce) du *domicile* du déposant. Toute personne, fabricant ou non, peut valablement déposer un Dessin ou Modèle, à la seule condition d'en être le créateur. Pour les personnes dont le domicile est situé hors de France, le dépôt est effectué au Secrétariat du Conseil de Prud'hommes du Département de la Seine.

Durée de la protection résultant du dépôt.

Le dépôt à perpétuité, qui existait sous le régime de la loi de 1806, n'existe plus : la protection la plus longue pour les Dessins et Modèles est de cinquante ans à partir du dépôt.

Période secrète et publicité du dépôt.

Cette période totale se divise en deux périodes de vingt-cinq ans : pendant la première, le dépôt peut rester secret si le déposant l'exige ; pendant la seconde, le dépôt est obligatoirement public.

Le dépôt est fait à l'origine pour cinq ans, période maximum pendant laquelle la boîte scellée contenant les Dessins ou Modèles est conservée au Secrétariat ou au Greffe. Si le déposant demande que son dépôt soit publié, soit au début, soit au cours des cinq ans, la boîte est envoyée immédiatement à l'Office national de la Propriété Industrielle, qui procède à l'ouverture. Même si le secret est maintenu, la boîte est envoyée à l'Office au bout de cinq ans.

Pour opposer le dépôt à des tiers, le déposant ou ses ayants droit doivent d'abord requérir l'ouverture de la boîte scellée et la publicité du dépôt au regard des objets au sujet desquels ils entendent engager une instance judiciaire.

Avant l'expiration de la première période de cinq ans, le déposant qui veut maintenir son dépôt doit en requérir le maintien soit avec publicité, soit sous la forme secrète.

De même si le déposant veut maintenir son dépôt pendant la seconde période de vingt-cinq ans, il doit demander la prorogation avant l'expiration de la première période de vingt-cinq ans.

Le même dépôt peut contenir de un à cent Dessins ou Modèles numérotés, chaque Dessin ou Modèle étant en double exemplaire.

Taxes de dépôt et taxes pour les différentes périodes.

La taxe à payer au moment du dépôt est de 3 fr. 95 c. par dépôt, plus 5 centimes par objet déposé. Lorsque la publicité est requise, il est payé une taxe de 30 francs pour

— 13 —

chacun des objets pour lesquels la publicité est demandée; en outre, il est perçu 5 francs par chacun des objets que l'Office garde sous la forme secrète.

Finalement, pour jouir de la protection pendant les vingt-cinq dernières années, il faut payer une taxe de 50 francs par chacun des objets qui demeurent protégés, si le dépôt a été rendu public, de 75 francs s'il est resté jusqu'alors secret.

* *
*

Comme on vient de le voir, la taxe à payer au moment du dépôt est très réduite si le dépôt est secret et elle s'augmente au contraire d'une somme de 30 francs par Dessin ou Modèle si on requiert la publicité. Il y a pourtant un grand intérêt à demander la publicité immédiate d'un dépôt, car d'après la nouvelle loi, tous les faits de contrefaçon antérieurs à la publicité de ce dépôt sont présumés avoir été commis de bonne foi de sorte qu'il est à peu près impossible de les atteindre, tandis que tous les faits de contrefaçon postérieurs à la publicité du dépôt sont présumés avoir été commis de mauvaise foi, de sorte que leur condamnation est facile à obtenir. <small>De l'utilité qu'il y a à requérir la publicité immédiate des dépôts de Dessins ou Modèles.</small>

En conséquence, les industriels qui ne déposent qu'un petit nombre de modèles et qui commencent de suite l'exploitation de ces modèles doivent, sans hésiter, demander la publicité immédiate de leurs dépôts. Par contre, ce système deviendrait très onéreux dans les industries comme celle des tissus où le nombre des modèles créés chaque année est considérable; chaque maison se trouve donc dans l'obligation d'attendre que le succès ait consacré tels ou tels de ses modèles avant de demander la publicité de ses dépôts au regard desdits modèles.

* *
*

Pour se rendre compte s'il y a contrefaçon d'un Dessin ou Modèle, il faut rechercher s'il y a possibilité de confusion entre le Dessin ou Modèle déposé et le Dessin ou Modèle incriminé. Ici encore, il n'est pas nécessaire qu'il y ait reproduction servile pour qu'il y ait contrefaçon. Si les caractères graphiques ou ornementaux, les formes ou coloris qui donnent au Dessin ou au Modèle déposé sa physionomie propre et distinctive, ont été reproduits, ce qui entraîne forcément la possibilité de confusion, il y <small>Comment on apprécie s'il y a contrefaçon en matière de Dessins et Modèles</small>

a contrefaçon; peu importe dans ce cas qu'il y ait des différences, celles-ci n'ayant d'ailleurs généralement d'autre but que de masquer la contrefaçon.

Démarches pour faire constater la contrefaçon. Pour la constatation de la contrefaçon, les dispositions sont les mêmes que pour les Brevets d'invention.

Le propriétaire du Dessin ou Modèle déposé présente requête au Président du Tribunal dans le ressort duquel les opérations doivent être effectuées et, sur ordonnance rendue, fait procéder par huissier, assisté au besoin d'un officier de police ou du juge de paix du canton, à la description détaillée avec ou sans saisie des objets ou instruments incriminés. Le Président peut imposer au requérant un cautionnement et celui-ci est obligatoire pour l'étranger qui requiert la saisie.

Poursuites au civil ou au correctionnel. Délai pour assigner. Le requérant doit ensuite se pourvoir soit par la voie civile, soit par la voie correctionnelle, mais le délai pour assigner est de quinze jours au lieu d'être de huit jours comme en matière de Brevets. Si on adopte la voie civile, les Tribunaux compétents ne sont plus comme pour les Brevets, les Tribunaux de première instance, mais exclusivement les Tribunaux de Commerce.

b) PAYS ÉTRANGERS

Pays protégeant les Dessins et Modèles. Les pays étrangers possédant une législation sur les Dessins et Modèles sont : l'Allemagne, l'Autriche, la Hongrie, la Belgique, la Grande-Bretagne, l'Italie, la Suisse, le Portugal, la Russie, la Suède, le Danemark, la Serbie, les États-Unis, le Canada, le Mexique, le Honduras et le Japon.

Dans un seul de ces pays, le Honduras, la loi admet, comme la nouvelle loi française, que le dépôt est seulement *déclaratif* de propriété, de sorte que la propriété appartient au premier possesseur, la présomption résultant du dépôt pouvant être combattue par la preuve contraire.

La protection est subordonnée au dépôt et celui-ci doit être fait avant toute publicité. Dans les autres pays, la protection est subordonnée au dépôt qui implique toujours le paiement d'une taxe, et le dépôt est nul lorsqu'il est établi que le Dessin ou Modèle a été livré à la publicité avant le dépôt. Dans la plupart des pays, le droit à la protection légale se perd même si c'est le créateur du Dessin ou Modèle qui l'a exploité avant le dépôt; il en est ainsi en Allemagne, en Italie, au Portugal, en Suède, en Russie, au Japon.

La durée de protection légale pour les Dessins et Modèles est de deux ans en Italie, trois ans en Autriche et en Hongrie, cinq ans en Suède, dix ans en Russie, en Serbie, au Canada, au Mexique et au Japon, quinze ans en Allemagne, Suisse et Grande-Bretagne et elle peut être perpétuelle au Portugal au moyen de renouvellements effectués tous les cinq ans. *Durée de la protection.*

La Convention de 1883-1902, dont il a été parlé à propos des Brevets d'invention, s'applique également aux Dessins et Modèles, mais le délai de priorité accordé pour faire les dépôts étrangers n'est, pour les Dessins et Modèles, que de quatre mois à partir du dépôt d'origine, au lieu de douze mois comme pour les Brevets. *Délai de priorité par application de la Convention de 1883.*

MARQUES DE FABRIQUE

a) FRANCE

La loi française sur les Marques de fabrique et de commerce date du 23 juin 1857; elle a été modifiée sur des points de détail par la loi du 3 mai 1890. *Date de la loi.*

Aux termes de cette loi « sont considérés comme Marques de fabrique et de commerce les noms sous une forme distinctive, les dénominations, emblèmes, empreintes, timbres, cachets, vignettes, reliefs, lettres, chiffres, enveloppes et tous autres signes servant à distinguer les produits d'une fabrique ou les objets d'un commerce ». *Ce qui constitue la Marque.*

Pour être valable, une Marque doit être non seulement nouvelle dans son application aux produits qu'elle doit distinguer, mais encore elle doit présenter un caractère suffisant d'originalité ou de fantaisie. En particulier, les dénominations, qui sont les Marques les plus usuelles, ne doivent être ni la désignation exacte des articles auxquels elles s'appliquent, ni la désignation de la qualité principale de ces articles. Les meilleures Marques sont celles qui n'ont aucun rapport avec les produits qu'elles doivent désigner, ce qui ne veut pas dire qu'on ne puisse prendre comme Marques des mots du langage usuel, mais il est nécessaire que ces mots n'aient aucun sens lorsqu'on les applique aux produits pour lesquels la *Conditions de validité des Marques.*

Les dénominations doivent être fantaisistes.

marque est déposée. Un exemple fera bien comprendre notre pensée : Le mot « chapeau » ne peut être pris comme Marque pour désigner des chapeaux, puisque tous les fabricants ou commerçants de chapeaux, doivent évidemment avoir le droit d'employer ce nom. Mais, au contraire, le mot « chapeau » constituerait une excellente marque au point de vue légal pour désigner des chaussures, car, dans cette application, la marque devient tout à fait fantaisiste et ne veut rien dire. Elle peut donc être monopolisée pour ce genre de produits par celui qui s'en emparera le premier.

*
* *

Comment s'acquiert la propriété de la Marque.

En France, la propriété d'une Marque s'acquiert soit en en faisant *usage* avant que quiconque en ait fait usage ou l'ait déposée, soit en la *déposant* le premier avant que quiconque en ait fait usage. L'usage antérieur par un tiers l'emporte sur le dépôt qui n'est que *déclaratif* et non attributif de propriété.

Droits résultant de l'usage seul; droits résultant du dépôt.

Lorsque la propriété d'une Marque a été acquise uniquement par l'*usage*, elle est limitée à la catégorie de produits pour lesquels elle a été utilisée. Au contraire, lorsqu'il y a eu *dépôt*, la propriété s'étend à tous les produits énumérés dans le dépôt, lors même que la Marque n'aurait été exploitée que pour l'un d'eux ou même pour aucun d'eux.

Le dépôt doit précéder toute poursuite en contrefaçon.

D'ailleurs, pour faire appliquer aux contrefacteurs les sanctions prévues par la loi de 1857, il est nécessaire d'avoir effectué le dépôt avant toute poursuite. Il est donc toujours utile, ne serait-ce que pour établir d'une manière indiscutable la date de prise de possession d'une marque, d'en effectuer le dépôt dès l'origine.

*
* *

Durée de validité du dépôt. Renouvellements. Taxe.

La durée de validité de dépôt pour les marques de fabrique est de quinze ans et ce dépôt peut être renouvelé tous les quinze ans, indéfiniment.

Le dépôt s'effectue au Greffe du Tribunal de Commerce du domicile du déposant.

La taxe légale est de quelques francs seulement et s'applique à toute la durée du dépôt.

* *

En cas de contrefaçon d'une Marque déposée, la poursuite peut être portée soit devant les Tribunaux civils de première instance, soit devant les Tribunaux correctionnels.

Tribunaux compétents en cas de contrefaçon.

Pour se rendre compte s'il y a contrefaçon d'une Marque de fabrique, il faut rechercher, comme pour les dessins et modèles, s'il y a possibilité de confusion entre la marque déposée et la marque incriminée. Ici encore, il n'est pas nécessaire qu'il y ait reproduction servile pour qu'il y ait condamnation. La loi punit non seulement la copie brutale, mais encore toute imitation susceptible de produire confusion. C'est surtout en cette matière, que les imitateurs donnent libre cours à leur trafic. Dès qu'une Marque a acquis une certaine notoriété, on voit poindre de tous les côtés des Marques plus ou moins similaires qui trompent le public et qui sont souvent achetées aux lieu et place de la véritable marque, au grand détriment du créateur de la Marque et au grand détriment du public, les Marques imitées ne couvrant jamais que des produits de qualité inférieure.

Comment on apprécie s'il y a contrefaçon en matière de Marques de fabrique.

Si la Marque consiste dans une dénomination de fantaisie, toute dénomination qui se prononcera de la même manière sera interdite, même si l'orthographe est différente; il en sera de même si on conserve la dénomination objet de la marque déposée en la faisant suivre d'une simple terminaison ou même d'un autre mot. Il en serait encore ainsi si on combinait la dénomination objet de la Marque avec des dessins et signes divers. La jurisprudence estime avec raison que, du moment où la Marque consiste dans la dénomination considérée en elle-même, il est interdit de s'en emparer, quels que soient les autres éléments dont on puisse l'entourer.

Si la Marque consiste dans une étiquette et constitue ce qu'on appelle communément une Marque figurative, il y aura imitation tombant sous le coup de la loi chaque fois qu'une nouvelle étiquette reproduira la physionomie générale de la Marque par l'agencement de signes, de lettres et de couleurs, de telle manière qu'une personne apportant une attention moyenne et voyant les deux étiquettes séparément après un certain intervalle de temps puisse confondre la seconde avec la première.

Pour la constatation de la contrefaçon, les dispositions sont les mêmes que pour les Brevets d'invention et pour les Dessins et Modèles. Elles sont, d'ailleurs, très nettement exposées à l'article 17 de la loi :

Démarches pour faire constater la contrefaçon avant d'engager les poursuites.

« Le propriétaire d'une Marque peut faire procéder par tous huissiers à la description détaillée, avec ou sans saisie, des produits qu'il prétend marqués à son préjudice en contravention aux dispositions de la présente loi, en vertu d'une ordonnance du Président du Tribunal civil de première instance, ou du juge de paix du canton, à défaut de tribunal dans le lieu où se trouvent les produits à décrire ou à saisir.

» L'ordonnance est rendue sur simple requête et sur la présentation du procès-verbal constatant le dépôt de la Marque. Elle contient, s'il y a lieu, la nomination d'un expert, pour aider l'huissier dans sa description.

» Lorsque la saisie est requise, le juge peut exiger du requérant un cautionnement qu'il est tenu de consigner avant de faire procéder à la saisie ».

Délai pour assigner.

Le délai pour assigner soit au civil, soit au correctionnel, est de quinze jours à partir de la saisie.

b) PAYS ÉTRANGERS

Pays protégeant les Marques de fabrique.

Il existe des lois sur les Marques de fabrique dans tous les pays civilisés, et dans presque tous ces pays la propriété des Marques peut être conservée indéfiniment en renouvelant les dépôts tous les dix ans, tous les quinze ans ou tous les vingt ans suivant les pays.

***

Délai de priorité par application de la Convention de 1883.

La Convention Internationale de 1883-1902, dont il a été parlé à propos des Brevets et des Dessins et Modèles, est également applicable aux Marques de fabrique et elle assure à celui qui, ayant droit au bénéfice de la Convention, a régulièrement déposé sa marque dans son pays d'origine, une priorité de quatre mois pour déposer ses marques dans les autres pays adhérents. Le bénéfice de cette disposition s'applique à tous les pays déjà énumérés à propos des Brevets d'invention, mais en outre à la Serbie qui n'a pas de législation sur les Brevets, mais qui en a une sur les Marques et qui a adhéré à la Convention.

*
* *

Au point de vue international, les Marques ont donné lieu à une autre entente toute spéciale qui n'a pas d'analogue ni en matière de Brevets, ni en matière de Dessins et Modèles. *(Dépôt international. Arrangement de Madrid de 1891.)*

Cette entente, dite *Arrangement de Madrid de 1891*, permet au citoyen ou sujet de l'un quelconque des États contractants, qui a régulièrement déposé sa Marque dans son pays d'origine, de s'assurer la protection de sa Marque dans tous les pays ayant adhéré à l'Arrangement, par un dépôt unique fait à Berne, au Bureau International de la Propriété Industrielle.

Les pays qui ont adhéré à l'*Arrangement de Madrid* sont la France, la Belgique, les Pays-Bas, l'Autriche, la Hongrie, la Suisse, l'Italie, l'Espagne, le Portugal, la Tunisie, le Brésil, Cuba et le Mexique.

Il est, en outre, à remarquer que, pour l'application de cet Arrangement, sont assimilés aux citoyens ou sujets des États contractants, et jouissent par suite des mêmes avantages, les citoyens ou sujets des États ne faisant pas partie de l'Union, mais qui sont *domiciliés* ou ont des établissements industriels ou commerciaux *effectifs et sérieux* sur le territoire de l'un des États de l'Union.

Le dépôt international assure la protection de la Marque dans tous les États de l'Arrangement pour vingt ans, et il peut être renouvelé indéfiniment tous les vingt ans. La taxe légale est de 125 francs pour les Français.

La protection résultant du dépôt international s'éteint dès que, pour une raison quelconque, la Marque cesse d'être protégée dans le pays d'origine.

*
* *

Dans un grand nombre de pays, le dépôt est, comme en France, simplement *déclaratif* de propriété. Mais dans d'autres pays, au contraire, le dépôt est *attributif* de propriété, par exemple, en Allemagne, en Autriche, en Hongrie, au Mexique, en Argentine, dans l'Uruguay, au Venezuela, etc. *(Pays à dépôt déclaratif et pays à dépôt attributif de propriété.)*

Les propriétaires de Marques domiciliés en Europe, généralement habitués au dépôt déclaratif qui permet de ne faire les dépôts étrangers que lorsque des imitations se produisent, ne pensent guère à déposer, dès le début, leur

Conséquences de dépôt attributif.

marque en Argentine et dans les autres pays d'Amérique où le dépôt est attributif. Si leurs marques ont du succès en vue de l'exportation, cette façon de faire leur réserve des surprises, car, lorsqu'ils abordent le marché de l'Argentine ou des pays ayant des lois analogues, ils se heurtent généralement aux prétentions de gens peu délicats sans doute, mais plus diligents qu'eux qui ont déjà fait enregistrer à leur nom les Marques desdites maisons européennes et qui en sont devenus légalement propriétaires. Le vrai créateur de la Marque n'a plus qu'à « chanter » ou à créer une nouvelle Marque pour ces pays en perdant ainsi le bénéfice de la notoriété de son ancienne Marque.

* * *

Telles sont brièvement résumées les dispositions relatives à la protection de la Propriété Industrielle, que nous considérons comme essentielles.

Nous nous excusons auprès de nos lecteurs des nombreuses lacunes que présente forcément ce petit travail, mais nous avons voulu surtout être brefs et écarter tous les détails dont l'étude ne peut être abordée avec fruit que par les spécialistes en ces matières. Notre but sera pleinement atteint si quelques-uns de nos lecteurs ont pu glaner, en parcourant ces pages, ne serait-ce qu'une seule indication encore ignorée d'eux et susceptible de leur être utile.

IMPRIMERIE CHAIX, RUE BERGÈRE, 20, PARIS. — 18474-9-12. — (Encre Lorilleux).

TABLE DES MATIÈRES

Pages.

PROPRIÉTÉ INDUSTRIELLE :

    Considérations générales 1

BREVETS D'INVENTION :

    France. 3
    Pays étrangers 9

DESSINS ET MODÈLES :

    France. 11
    Pays étrangers 14

MARQUES DE FABRIQUE :

    France. 15
    Pays étrangers 18

IMPRIMERIE CHAIX, RUE BERGÈRE, 20, PARIS. — 1847C-9-12. — (Encre Lorilleux).

www.ingramcontent.com/pod-product-compliance
Lightning Source LLC
Chambersburg PA
CBHW060446050426
42451CB00014B/3223